高校入試 近道問題 **08** 文の書きかえ・英作文

この本の特色

① コンパクトな問題集

入試対策として必要な単元・項目を短期間で学習できるよう，コンパクトにまとめた問題集です。直前対策としてばかりではなく，自分の弱点を見つけ出す診断材料としても活用できるようになっています。

② 豊富なデータ

英俊社の「高校別入試対策シリーズ」「公立高校入試対策シリーズ」の豊富な入試問題から問題を厳選してあります。

③ 問題の多様性

空欄補充問題から全文を書きかえる問題まで　　　　　形式の書きかえ問題・英作文問題を掲載してい　　　　　　　　　に備えてください。

④ 入試直前確認事項

書きかえ・英作文にこ　　　　　　　　　題を解く前の予習・解いた後の復習・入試直　　　　　　　　　ください。

この本の内容

1 同意文の完成①　近道問題

● 次の各組の文がほぼ同じ内容を表すように（　　）内に適当な語を書き入れなさい。

(1) It will rain here soon.

It is （　　　　） to rain here soon. （自由ケ丘高）

(2) You must not open the box.

（　　　　） open the box. （福岡大附若葉高）

(3) I can speak Chinese.

I am （　　　） （　　　） speak Chinese. （金光藤蔭高）

(4) That is my bag.

That bag is （　　　　）. （京都西山高）

(5) Takuya is not as old as Taro.

Takuya is （　　　） （　　　） Taro. （大阪体育大学浪商高）

(6) She bought us cookies.

She bought cookies （　　　） （　　　）. （上宮太子高）

(7) Kenta has an aunt. She lives in New York.

Kenta has an aunt （　　　） in New York. （初芝橋本高）

(8) This is a cake. Yumi made it.

This is a cake （　　　） （　　　） Yumi. （上宮高）

(9) While I was going back home, I met Alex.

I met Alex （　　　） my （　　　） home. （中村学園女高）

(10) I don't know where he lives.

I don't know （　　　） （　　　）. （大谷高）

(11) Kate will be glad when she knows the news.

Kate will be glad （　　　） （　　　） the news. （好文学園女高）

⑿ This coffee is too hot for me to drink.
This coffee is (　　　) hot (　　　) I can't drink it.　　　(神戸常盤女高)

⒀ I met a girl. Her hair is long.
I met a girl (　　　) (　　　) long hair.　　　(東福岡高)

⒁ He came to Japan ten years ago. He is still in Japan.
He (　　　) (　　　) in Japan for ten years.　　　(大阪産業大附高)

⒂ I'm busy today, so I can't see you.
I (　　　) no (　　　) to see you today.　　　(大阪暁光高)

⒃ Yumi is taller than any other girl in our class.
Yumi is (　　　) (　　　) girl in our class.　　　(和歌山信愛高)

⒄ If you don't walk fast, you will miss the last bus.
(　　　) fast, (　　　) you'll miss the last bus.　　　(大阪信愛学院高)

⒅ This is my first visit to Sydney.
I (　　　) never (　　　) Sydney before.

⒆ My brother made up his mind to study in Canada.
My brother (　　　) (　　　) study in Canada.　　　(奈良大附高)

⒇ What is the spelling of these words?
(　　　) do you (　　　) these words?　　　(明星高)

㉑ He broke the windows this morning.
The windows were (　　　) by him this morning.　　　(京都明徳高)

㉒ Everyone called his speech "the most shocking speech."
His speech (　　　) (　　　) "the most shocking speech."

(大阪緑涼高)

2 同意文の完成② 近道問題

● 次の各組の文がほぼ同じ内容を表すように （　）内に適当な語を書き入れ
なさい。

(1)　Shall we go to the concert together?

　　（　　　）go to the concert together!　　　　　（関西福祉科学大学高）

(2)　I must do a lot of homework today.

　　I have a lot of homework （　　　）do today.　　　　（京都明徳高）

(3)　Mike's bicycle is not as good as mine.

　　My bicycle is （　　　）than Mike's.　　　　（福岡大附若葉高）

(4)　The girl is studying in the library. Do you know her?

　　Do you know the girl （　　　）in the library?　　　　（大阪国際高）

(5)　Ayumi came to Wakayama a week ago. She is still in Wakayama.

　　Ayumi has been in Wakayama （　　　）a week.　　　　（大阪商大高）

(6)　I can't keep a rabbit without your help.

　　I can't keep a rabbit （　　　）you don't help me.　　　　（京都教大附高）

(7)　I got a letter from my aunt.

　　My aunt sent a letter （　　　）（　　　）.　　　　（大阪体育大学浪商高）

(8)　He is so tired that he cannot walk.

　　He is （　　　）tired （　　　）walk.

(9)　Mr. Yamada is our teacher of French.

　　Mr. Yamada （　　　）（　　　）French.　　　　（上宮太子高）

(10)　I have a lot of things to do today.

　　I （　　　）（　　　）do a lot of things today.　　　　（東海大付福岡高）

(11)　Tom is fifteen years old. Jim is fifteen, too.

　　（　　　）Tom （　　　）Jim are fifteen years old.　　　　（和歌山信愛高）

(12)　The man didn't say a word and left this room.

　　The man left this room （　　　）（　　　）a word.　　　　（開明高）

⒀ I first visited my uncle in San Francisco last year. I went there again last month.

I have ( ) to San Francisco ( ).　　　　　　（浪速高）

⒁ What language do they speak in that country?

What language ( ) ( ) in that country?　　　（履正社高）

⒂ This is one of the pictures Rumi took in America.

This is one of the pictures ( ) ( ) Rumi in America.

（姫路女学院高）

⒃ Could you tell me your idea about this plan?

( ) do you ( ) of this plan?　　　（関西大学北陽高）

⒄ Bob enjoyed himself very much at the welcome party.

Bob ( ) a very good ( ) at the welcome party.

⒅ My grandmother needs my care.

I have to ( ) care ( ) my grandmother.　　（西南学院高）

⒆ Jane can't swim as fast as Nancy.

Nancy can swim ( ) ( ) Jane.　　　（四天王寺高）

⒇ I want to visit New York someday.

I would ( ) ( ) visit New York someday.　（大阪商大堺高）

(21) Were you helped by the dog?

( ) the dog ( ) you?　　　（プール学院高）

(22) I've never visited such a big city like Tokyo.

Tokyo is the ( ) city I've ( ) visited.　（神戸星城高）

(23) I have a black cat with green eyes.

I have a black cat ( ) eyes ( ) green.　（奈良大附高）

(24) I have nothing important to tell you.

I ( ) ( ) ( ) important to tell you.

（アサンプション国際高）

3 同意文の完成③ 近道問題

● 次の各組の文がほぼ同じ内容を表すように（　　）内に適当な語を書き入れなさい。

(1) I am Megumi.

My （　　　　） is Megumi.　　　　　　　　　　　　　　　（神戸常盤女高）

(2) She went to the library and borrowed some books yesterday.

She went to the library （　　　　） borrow some books yesterday.

（追手門学院高）

(3) He left home after he had lunch.

He left home after （　　　　） lunch.　　　　　　　　　（京都明徳高）

(4) Do you know his age?

Do you know how （　　　　） he is?　　　　　　　（福岡大附若葉高）

(5) Let's eat lunch together.

（　　　　） （　　　　） eating lunch together?　　　　　　（興國高）

(6) After reading a newspaper, he has breakfast.

He reads a newspaper （　　　　） breakfast.　　（関西福祉科学大学高）

(7) My nickname is Donny.

My friends （　　　　） me Donny.　　　　　　　　　（自由ケ丘高）

(8) I got up very late this morning, so I was late for school.

I was late for school this morning （　　　　） I got up very late.

（好文学園女高）

(9) Hokkaido is colder than Okinawa.

Okinawa is （　　　　） （　　　　） Hokkaido.　　　　　（樟蔭高）

(10) Jessy painted these two pictures.

These two pictures （　　　　） （　　　　） by Jessy.　（近畿大泉州高）

(11) Yukiko and I were classmates at the junior high school.

Yukiko and I were （　　　　） the （　　　　） class at the junior high school.

（上宮高）

(12) He is our English teacher.

He ( ) ( ) English. （大阪暁光高）

(13) The boy is my friend. He is reading a book.

The ( ) ( ) a book is my friend. （和歌山信愛高）

(14) Tokyo is the largest city in Japan.

Tokyo is larger than ( ) ( ) city in Japan. （開明高）

(15) My sister was busy last week. She is still busy.

My sister ( ) ( ) busy since last week.

(16) Do you know that boy reading a book?

Do you know that boy ( ) is ( ) a book? （大阪商大堺高）

(17) This building is two hundred years old.

This building ( ) ( ) two hundred years ago. （大谷高）

(18) What a good speaker of English she is!

How ( ) she ( ) English! （帝塚山高）

(19) I started school ten years ago.

I ( ) ( ) a student for ten years. （四天王寺高）

(20) I'm sure that he is our teacher from elementary school.

He ( ) ( ) our teacher from elementary school.

（大阪女学院高）

(21) While I was staying in Korea, I went to many seafood restaurants.

( ) ( ) stay in Korea, I went to many seafood restaurants.

（西南学院高）

(22) This park is more beautiful than any other park in this city.

This is ( ) ( ) ( ) park in this city.

(23) He wants to play soccer with someone.

He needs someone ( ) ( ) soccer ( ). （近畿大泉州高）

4 同意文の完成④ 近道問題

● 次の各組の文がほぼ同じ内容を表すように（　　）内に適当な語を書き入れなさい。

(1) Which is her camera?

Which camera is （　　　　）?　　　　　　　　　　　　（関大第一高）

(2) Where was he born?

Where is he （　　　）?　　　　　　　　　　　　　　（関西大倉高）

(3) My sister is able to play the piano very well.

My sister （　　　　） play the piano very well.　　　（神戸村野工高）

(4) It was a lot of fun to swim in Lake Biwa last week.

I enjoyed （　　　　） in Lake Biwa last week.　　　（京都教大附高）

(5) My uncle used this car.

This car （　　　） used by my uncle.

(6) Many people sang this song.

This song was （　　　　） by many people.　　　　（大阪商大高）

(7) I said to my mother, "Please help me."

I （　　　） my mother to help me.　　　　　　　　（京都精華学園高）

(8) Let's eat dinner at the restaurant.

（　　　）（　　　　） eat dinner at the restaurant?　　　（樟蔭高）

(9) When was this station built?

（　　　）（　　　） is this station?　　　　　　　（大阪信愛学院高）

(10) My friend can drive a car.

My friend knows （　　　）（　　　） drive a car.　　　（賢明学院高）

(11) How about going to the zoo tomorrow?

（　　　）（　　　） you go to the zoo tomorrow?　　　（東大谷高）

(12) They speak English in Australia.

English （　　　）（　　　） in Australia.　　　　（金光藤蔭高）

(13) Mary takes a train to come to school.

Mary comes to school (　　　) (　　　).　　　　（好文学園女高）

(14) My mother went shopping. She is not here now.

My mother (　　　) (　　　) shopping.　　　　（京都女高）

(15) I have no idea about this math question.

I (　　　) have (　　　) idea about this math question.

(16) I want to live in a wooden house.

I want to live in a house (　　　) (　　　) wood.　　（立命館高）

(17) This city has two large supermarkets.

There (　　　) two large supermarkets (　　　) this city.

（大阪産業大附高）

(18) You can see the picture Tom drew.

You can see the picture (　　　) (　　　) Tom.　　（四天王寺高）

(19) He became famous for the movie.

The movie (　　　) (　　　) famous.　　　　（京都成章高）

(20) The movie is loved by all the students in this class.

Every (　　　) in this class (　　　) the movie.　　（近大附高）

(21) My students have no experience of eating Durians.

My students (　　　) (　　　) (　　　) Durians.　　（大阪緑涼高）

(22) My grandmother lived in a house built 50 years ago.

My grandmother lived in a house (　　　) (　　　) (　　　) 50 years
ago.　　　　（プール学院高）

(23) Our grandparents cook French food well.

Our grandparents are (　　　) (　　　) of French food.　（桃山学院高）

(24) I cannot decide which high school to go to until I talk to my parents.

I have (　　　) talk to my parents (　　　) deciding which high school
to go to.　　　　（西南学院高）

5 指示による書きかえ① 近道問題

● 次の各文を〔　〕内の指示に従って書きかえなさい。

(1) I speak French.〔否定文に〕

（　　　　　　　　　　　　　　　　　　　　　　）

(2) <u>She</u> was a soccer player.〔She を We にかえて〕　（大阪暁光高）

（　　　　　　　　　　　　　　　　　　　　　　）

(3) <u>This</u> is my notebook.〔下線部を複数形に〕　（大阪体育大学浪商高）

（　　　　　　　　　　　　　　　　　　　　　　）

(4) They are going to play basketball.〔疑問文に〕　（アナン学園高）

（　　　　　　　　　　　　　　　　　　　　　　）

(5) She tried to cook pizza.〔疑問文に〕　（香ヶ丘リベルテ高）

（　　　　　　　　　　　　　　　　　　　　　　）

(6) Hinako read *DEMON SLAYER.〔否定文に〕　*鬼滅の刃　（市川高）

（　　　　　　　　　　　　　　　　　　　　　　）

(7) You have to go to the post office.〔疑問文に〕　（大阪体育大学浪商高）

（　　　　　　　　　　　　　　　　　　　　　　）

(8) My friend isn't busy <u>on Monday</u>.〔下線部を next Monday に変えて〕

（近大附和歌山高）

（　　　　　　　　　　　　　　　　　　　　　　）

(9) Risa is not as tall as Miki.〔Miki を主語にして比較級を使った文に〕

（香ヶ丘リベルテ高）

（　　　　　　　　　　　　　　　　　　　　　　）

(10) She played tennis at the park <u>yesterday</u>.〔下線部を問う疑問文に〕

（大阪商大堺高）

（　　　　　　　　　　　　　　　　　　　　　　）

⑾　Tom bought <u>three</u> books for his father.

　　　　　　　　［下線部が答えの中心となる疑問文に］

　　（　　　　　　　　　　　　　　　　　　　　　　　　）

⑿　Tomoki visited <u>his uncle's</u> house during the winter vacation.

　　　　　　　　［下線部が答えの中心になる疑問文に］（追手門学院高）

　　（　　　　　　　　　　　　　　　　　　　　　　　　）

⒀　Why was she angry yesterday?［What で始めて，同意の文に］

　　（　　　　　　　　　　　　　　　　　　　　　　　　）

⒁　She told the truth to me.［前置詞を用いず，同意の文に］

　　（　　　　　　　　　　　　　　　　　　　　　　　　）

⒂　My father washed this car.［受け身の文に］　　　（大阪体育大学浪商高）

　　（　　　　　　　　　　　　　　　　　　　　　　　　）

⒃　She buys milk every day.［milk から始まる同じ意味の文に］

　　（　　　　　　　　　　　　　　　　　　　　　　　　）

⒄　They have done their homework.［疑問文に］

　　（　　　　　　　　　　　　　　　　　　　　　　　　）

⒅　Their son is so young that he can't work.

　　　　　　　　［too 〜 to …を用いて同じ意味の文に］（市川高）

　　（　　　　　　　　　　　　　　　　　　　　　　　　）

⒆　He has some books. The books were written by Mr. Murakami.

　　　　　　　　［関係代名詞 that を使って一つの文に］（アナン学園高）

　　（　　　　　　　　　　　　　　　　　　　　　　　　）

⒇　If you take this bus, you can get there in time.

　　　　　　　　［命令文で始めて同じ内容の文に］（京都成章高）

　　（　　　　　　　　　　　　　　　　　　　　　　　　）

6 指示による書きかえ② 近道問題

● 次の各文を〔　　〕内の指示に従って書きかえなさい。

(1) He comes to my house.〔否定文に〕　　　　　　　　　　　　（市川高）
（　　　　　　　　　　　　　　　　　　　　　　　　　　　）

(2) My cat sleeps on the floor.〔現在進行形に〕　　　　　（大阪暁光高）
（　　　　　　　　　　　　　　　　　　　　　　　　　　　）

(3) He has to get up early.〔否定文に〕　　　　　　（香ヶ丘リベルテ高）
（　　　　　　　　　　　　　　　　　　　　　　　　　　　）

(4) His uncle must take care of the cat.〔過去の文に〕　（アナン学園高）
（　　　　　　　　　　　　　　　　　　　　　　　　　　　）

(5) You must clean the room today.〔today を tomorrow にして〕
（関西福祉科学大学高）
（　　　　　　　　　　　　　　　　　　　　　　　　　　　）

(6) That is a good story.〔下線部を複数形に〕　　　（香ヶ丘リベルテ高）
（　　　　　　　　　　　　　　　　　　　　　　　　　　　）

(7) My brother drank coffee for breakfast.〔下線部を問う文に〕（華頂女高）
（　　　　　　　　　　　　　　　　　　　　　　　　　　　）

(8) I go to school by bike.〔下線部を尋ねる疑問文に〕（大阪体育大学浪商高）
（　　　　　　　　　　　　　　　　　　　　　　　　　　　）

(9) He was absent from school three days ago.〔下線部を問う疑問文に〕
（初芝橋本高）
（　　　　　　　　　　　　　　　　　　　　　　　　　　　）

(10) Masashi's hobby is to collect trading cards.
〔動名詞を用いて同じ意味の文に〕（市川高）
（　　　　　　　　　　　　　　　　　　　　　　　　　　　）

(11) To help each other is important. [It is で始めて同じ内容を表す文に]

(芦屋学園高[改題])

(   )

(12) I was so tired that I couldn't walk home yesterday.

[too ～ to …を用いてほぼ同じ意味の文に] (近大附和歌山高)

(   )

(13) My grandmother uses <u>this room</u>.

[this room を主語にした受動態の文に] (大阪暁光高)

(   )

(14) Tom read this book yesterday.

[This book を主語にして同じ内容の受動態の文に]

(   )

(15) English and French are spoken in Canada.

[人々 = People を主語にして同じ意味の文に]

(   )

(16) We have much rain. [for ten days を付けて現在完了の文に]

(アナン学園高)

(   )

(17) I didn't clean my room. [文末に yet を加えて現在完了の文に]

(   )

(18) A day has 24 hours. [there を用いて，同意の文に]

(   )

(19) What color does John like? I don't know. [同意の 1 文に]

(   )

(20) The cup is mine. It is on the table. [関係代名詞を用いて 1 文に]

(大阪体育大学浪商高)

(   )

7 補充作文① 近道問題

● 日本文に合うように（　　）内に最も適当な語を入れなさい。

(1) 私は今本を読んでいます。

I am （　　　） a book now.

(2) テーブルの上に鉛筆がありますか。

Is （　　　） a pencil on the table?　　　　　　　（兵庫大附須磨ノ浦高）

(3) とても疲れていますが，宿題をしないといけません。

I am very （　　　）, but I have to do my homework.

(4) 今までに英字新聞を読んだことがありますか。

（　　　） you ever read English newspapers?　　　　（あべの翔学高）

(5) 彼はどこの出身ですか。

Where does he come （　　　）?

(6) 昨夜，彼女はあまりに眠くて宿題をすることができませんでした。

She was （　　　） sleepy to do her homework last night. （中村学園女高）

(7) 私はケンと同じ年齢です。

I am （　　　） old （　　　） Ken.

(8) あなたのペンを使っていいですか。

May （　　　） use （　　　） pen?　　　　　　　　（京都廣学館高）

(9) もし時間がなければ，あなたは来る必要はありません。

If you are busy, you （　　　）（　　　）（　　　） come.　（京都教大附高）

(10) これらは誰のノートですか。

Whose noteboooks （　　　）（　　　）?　　　　　　（神戸山手女高）

(11) あの橋はできてからどのくらいですか。

（　　　）（　　　） is that bridge?

(12) 私の妹は犬を怖がっています。

My sister is （　　　）（　　　） dogs.　　　　　　　（和歌山信愛高）

⒀ 自転車を貸してくれませんか。
Would （　　　　）（　　　　）（　　　　） your bicycle?

⒁ どちらの帽子が好きですか。
（　　　　）（　　　　）（　　　　） you like?　　　　　　　（近畿大泉州高）

⒂ あなたのお気持ちはわかります。
I know （　　　　） you feel.

⒃ 私はいつも部屋をきれいにしています。
I always （　　　　） my room clean.　　　　　　　　（近大附高）

⒄ 彼女は私の方を見ずに通り過ぎた。
She walked past （　　　　）（　　　　） me.　　　　　　（京都女高）

⒅ 怖がらないで。
（　　　　）（　　　　） afraid.　　　　　　　　　　　（京都成章高）

⒆ 彼は 1995 年 11 月 5 日に日本にやってきました。
He came to Japan （　　　　） November 5 （　　　　） 1995.

⒇ どこで切符を買えばいいかわかりません。
I don't know （　　　　）（　　　　）（　　　　） the ticket.　　（初芝橋本高）

(21) あなたはどんな種類の音楽が好きですか。
What （　　　　）（　　　　） music do you like?

(22) この花は英語で何と呼ばれていますか。
（　　　　） is this flower （　　　　） in English?　　　　（精華女高）

(23) 私はその博物館へ 2 回行ったことがあります。
I have （　　　　） to the （　　　　） twice.

(24) 私は父の誕生日に何を買うか決められません。
I can't decide （　　　　） to buy for my father's （　　　　）.　　（清風高）

8 補充作文②

● 日本文に合うように（　　）内に最も適当な語を入れなさい。

(1) 彼女はそのとき，テニスをしていました。

She was （　　　　） tennis then.

(2) 今日やるべき宿題がたくさんあります。

I have a lot of homework （　　　　） do today.　　　　　　　（綾羽高）

(3) その生徒の一人は，私の妹です。

One of the students （　　　　） my sister.

(4) 私の祖母はロシア語をとても上手に話します。

My grandmother （　　　　） Russian very well.　　　（大阪電気通信大高）

(5) ケビンはすでにオーストラリアに行ってしまった。

Kevin has already （　　　　） to Australia.

(6) 自己紹介をしてください。

Please introduce （　　　　）.　　　　　　　　　　（九州産大付九州高）

(7) ボブは水曜日に私達の学校に来ます。

Bob comes to our school （　　　　） （　　　　）.

(8) それは私にとって興味深い話だった。

It was （　　　　） （　　　　） story for me.　　　　　（大阪学院大高）

(9) あなたはこのクッキーを食べてはいけません。

You （　　　　） （　　　　） eat these cookies.　　　　　（甲子園学院高）

(10) 宿題を手伝ってください。

Please （　　　　） me （　　　　） my homework.　　　　　（華頂女高）

(11) 私の母は看護師であることを誇りに思っています。

My mother is （　　　　） （　　　　） being a nurse.

(12) マキは家にもどってきたところです。

Maki （　　　　） just （　　　　） home.　　　　　　　　（京都橘高）

(13) 遼は医者になりたい。

Ryo （　　　）（　　　） be a doctor.

(14) 昨日からずっと雨が降っています。

It （　　　） rained （　　　） yesterday.　　　　　　（市川高）

(15) 1年は12カ月ある。

（　　　） are （　　　） months in a year.

(16) コーヒーはいかがですか。

（　　　） you （　　　） a cup of coffee?　　　　　（浪速高）

(17) 助言をくださってありがとうございます。

Thank you （　　　） your （　　　）.

(18) 彼らは昨日，川を泳いで渡った。

They （　　　）（　　　） the river yesterday.　　　　（宣真高）

(19) このドレスは手作りですか。

Did you make this dress （　　　）（　　　）?

(20) 明日は晴れるかもしれません。

It （　　　）（　　　） fine tomorrow.　　　　　　　（開明高）

(21) 急ぎなさい，そうしないと電車に乗り遅れますよ。

（　　　） up, （　　　） you'll miss the train.　　　（近大附和歌山高）

(22) 田沢湖は日本で一番深い湖だ。

Lake Tazawa is deeper than （　　　）（　　　） lake in Japan.

（大阪星光学院高）

(23) タクミ君は今までにタピオカ茶を飲んだことがある？

（　　　） Takumi ever （　　　） tapioca tea?

(24) 彼女は昨日よりも今日のほうが幸せそうです。

She （　　　）（　　　） today than yesterday.　　　（関西大倉高）

9 補充作文③ 近道問題

● 日本文に合うように（　　）内に最も適当な語を入れなさい。

(1) この駅の近くに本屋はいくつありますか。

How （　　　　） bookstores are there near this station?

(2) その歌手はこの国で皆に知られています。

The singer is （　　　　） to everyone in this country.　　　　（あべの翔学高）

(3) 日本には4つの大きな島があります。

Japan （　　　　） four big islands.

(4) 彼女の髪は何て美しいのだろう。

（　　　　） beautiful hair she has!　　　　（九州産大付九州高）

(5) 京都にはどのくらい滞在するつもりですか？

How （　　　　） are you going to stay in Kyoto?

(6) 私もフランス語を話せません。

I can't speak French, （　　　　）.　　　　（京都外大西高）

(7) 清水寺への道を教えてくれませんか。

Could you tell me the （　　　　） to Kiyomizu Temple?

(8) 暗くならないうちに家に帰ってきなさいね。

Come home （　　　　） it gets dark.　　　　（花園高）

(9) 彼は普通10時半に寝ます。

He （　　　　） goes to bed （　　　　） ten-thirty.　　　　（大阪学院大高）

(10) 木曜日と土曜日の間に金曜日があります。

（　　　　） is between Thursday （　　　　） Saturday.　　　　（京都廣学館高）

(11) 彼は泳ぐのが上手だ。

He is good （　　　　） （　　　　）.

(12) これは佐藤先生によって書かれた本です。

This is the book （　　　　） （　　　　） Mr. Sato.　　　　（近江兄弟社高）

(13) 大きなネコが居間のテーブルの上で眠っています。

A big cat （　　　）（　　　） on the table in the living room.

(14) この前の日曜日，私たちは友達の誕生日パーティーで楽しい時を過ごしました。

Last Sunday, we （　　） a good （　　） at my friend's birthday party.　　　　　　　　　　　　　　　　　　　　　　（大阪信愛学院高）

(15) 私は全ての季節の中で冬が一番好きです。

I like （　　　）（　　　） of all seasons.

(16) 私は将来先生になりたいと思っています。

I want to （　　　） a teacher in the （　　　）.　　　　（華頂女高）

(17) 明日は早く起きる必要がありません。

You （　　　）（　　　） to get up early tomorrow.

(18) ここからその学校までどれくらいの距離がありますか。

（　　　）（　　　） is it from here to the school?　　（早稲田摂陵高）

(19) その女性は手紙を書くのをやめて，立ち上がった。

The woman （　　　）（　　　） a letter and stood up.

(20) 私は今朝パンを少し食べました。

I ate （　　　）（　　　） bread this morning.　　　　　　（開明高）

(21) 明日晴れるといいな。

I hope that （　　　） will （　　　） fine tomorrow.

(22) A： この鞄は誰のものですか？

B： 彼の妹のものです。

A： Whose is this bag?

B： It's （　　　）（　　　）.　　　　　　　　　　　　（関西大倉高）

(23) その部屋は明日掃除されます。

The room （　　　）（　　　）（　　　） tomorrow.　　（近畿大泉州高）

(24) 知り合ってどれくらいなの？

How （　　　） have you （　　　）（　　　） other?　　（京都女高）

10　整序作文①　近道問題

● 次の日本文の意味になるように（　　）内の語句を並べかえ，（　　）の中で
指定の位置にくるものの記号を書きなさい。

(1) 私と彼女は10年前からの知り合いです。2番目（　　）　4番目（　　）
　　I（ア　for　イ　have　ウ　known　エ　her）ten years.

（華頂女高）

(2) どちらの絵が彼女のものですか。2番目（　　）　4番目（　　）
　　（ア　hers　イ　is　ウ　which　エ　picture）?　（あべの翔学高）

(3) 明日，晴れるといいなぁ。2番目（　　）　4番目（　　）
　　I（ア　be　イ　will　ウ　it　エ　fine　オ　hope）tomorrow.

（大阪高）

(4) 駅にはどのように行けばいいですか。3番目（　　）　5番目（　　）
　　（ア　the station　イ　how　ウ　I　エ　get　オ　to
　　カ　can）?

（近江兄弟社高）

(5) ブラジルでは何語を話しますか。2番目（　　）　4番目（　　）
　　（ア　in　イ　language　ウ　speak　エ　do　オ　what
　　カ　they）Brazil?

（大阪体育大学浪商高）

(6) 私は彼女に会ったことを決して忘れない。
　　2番目（　　）　4番目（　　）
　　I（ア　forget　イ　her　ウ　never　エ　seeing　オ　will）.

（大阪暁光高）

(7) ここでどれくらいの間，彼を待っているの。
　　3番目（　　）　5番目（　　）
　　（ア　for him　イ　have　ウ　how　エ　long　オ　waited
　　カ　you）here?

（関西創価高）

(8) シドニーで撮った写真を何枚かお見せしましょうか。

　　3番目（　　　）　5番目（　　　）

　　Shall I show you some of（ア　in　　イ　I　　ウ　the pictures

　　エ　took　　オ　Sydney　　カ　which)？　　　　　　（芦屋学園高）

(9) 姉が帰ってきたとき，私は宿題をしていました。

　　2番目（　　　）　4番目（　　　）

　　I（ア　when　　イ　was　　ウ　my sister　　エ　my homework

　　オ　doing　　カ　came home）.　　　　　　　（大阪緑涼高）

(10) あなたは，これが誰の帽子なのか，知っていますか。

　　3番目（　　　）　5番目（　　　）

　　（ア　you　　イ　cap　　ウ　this　　エ　know　　オ　is

　　カ　do　　キ　whose）？　　　　　　　　　（アナン学園高）

(11) そのバスに乗れば，大阪城に行くことができます。

　　3番目（　　　）　5番目（　　　）

　　If you（ア　bus,　　イ　can　　ウ　get　　エ　take　　オ　the

　　カ　to　　キ　you) the Osaka Castle.　　　　　（大阪青凌高）

(12) 向こうに見える橋はだれが造ったのですか。

　　3番目（　　　）　6番目（　　　）

　　（ア　built　　イ　over　　ウ　see　　エ　the bridge　　オ　there

　　カ　who　　キ　you）？　　　　　　　　　　（開智高）

(13) 郵便局までの行き方を教えてくれませんか。

　　3番目（　　　）　6番目（　　　）

　　（ア　the post office　　イ　you　　ウ　way　　エ　could

　　オ　tell　　カ　the　　キ　to　　ク　me）？　　　　（洛陽総合高）

(14) この村を流れている川はとてもきれいですよ。

　　3番目（　　　）　6番目（　　　）

　　（ア　running　　イ　this　　ウ　very　　エ　the river

　　オ　through　　カ　village　　キ　is　　ク　clean）.　（立命館宇治高）

11 整序作文②

● 次の日本文の意味になるように（　　）内の語句を並べかえ,（　　）の中で指定の位置にくるものの記号を書きなさい。

(1) この時計は日本製です。3番目（　　　）　5番目（　　　）

（ア　is　イ　this　ウ　Japan　エ　watch　オ　made　カ　in）.　　　　　　　　　　　　　　（金蘭会高）

(2) ケイトは妹に何冊か本をあげた。2番目（　　　）　4番目（　　　）

Kate（ア　sister　イ　some　ウ　gave　エ　books　オ　her）.　　　　　　　　　　　　　　（興國高）

(3) ギターを弾くのは私には難しい。3番目（　　　）　5番目（　　　）

（ア　difficult　イ　it　ウ　is　エ　to play　オ　for　カ　me）the guitar.　　　　　　　　　（京都先端科学大附高）

(4) 彼女は一人で出かけるには幼すぎます。2番目（　　　）　4番目（　　　）

She（ア　to　イ　go out　ウ　is　エ　too　オ　young）alone.　　　　　　　　　　　　　　（滋賀短期大学附高）

(5) 屋根が赤い家が私の家です。3番目（　　　）　5番目（　　　）

The（ア　roof　イ　with　ウ　house　エ　a red　オ　is）mine.　　　　　　　　　　　　　　（神戸学院大附高）

(6) その女性はその国で乾いた土地を緑に変えました。

3番目（　　　）　5番目（　　　）

The woman（ア　dry　イ　in　ウ　to　エ　changed　オ　green　カ　land）the country.　　　　　（神戸村野工高）

(7) ケンはルーシーと同じくらいたくさん本を持っています。

4番目（　　　）　5番目（　　　）

（ア　has　イ　books　ウ　as　エ　Ken　オ　as　カ　many　キ　Lucy）.　　　　　　　　　　　（清風高[改題]）

(8) カナダは北アメリカで最も面積が大きい国です。

2番目（　　　） 5番目（　　　）

Canada is（ア　country　　イ　any　　ウ　larger

エ　North America　　オ　other　　カ　in　　キ　than）.

(光泉カトリック高)

(9) パウロは日本の文化に興味を持っているにちがいない。

3番目（　　　） 5番目（　　　）

Paulo（ア　be　　イ　culture　　ウ　must　　エ　in

オ　interested　　カ　Japanese）.

(京都橘高)

(10) あなたとテニスをしたいのですが。2番目（　　　） 4番目（　　　）

（ア　like　　イ　tennis　　ウ　with　　エ　to　　オ　I'd

カ　play　　キ　you）.

(奈良女高)

(11) 彼女はそのパーティーに招待されなかった。

2番目（　　　） 4番目（　　　）

（ア　invited　　イ　she　　ウ　the party　　エ　was　　オ　to

カ　not）.

(京都両洋高)

(12) あなたの夢が叶うことを願っています。3番目（　　　） 5番目（　　　）

I（ア　come　　イ　dream　　ウ　hope　　エ　that　　オ　true

カ　will　　キ　your）.

(筑陽学園高)

(13) その映画がどれくらいの長さなのか教えていただけますか。

2番目（　　　） 4番目（　　　） 6番目（　　　）

Would（ア　how　　イ　is　　ウ　me　　エ　you　　オ　long

カ　tell　　キ　the movie）?

(滝川第二高)

(14) イヤホンをしながら自転車に乗る行為は大変危険です。

2番目（　　　） 5番目（　　　）

（ア　bicycle　　イ　very　　ウ　earphones　　エ　a

オ　dangerous　　カ　is　　キ　riding　　ク　wearing）.

(久留米大附高)

12 整序作文③ 近道問題

● 次の日本文の意味になるように（　　）内の語句を並べかえなさい。

(1) 朝食を食べることは健康に良い。　　　　　　　　　　　　　（樟蔭高）

(good / eating breakfast / for / is) your health.

(　　　　　　　　　　　　　　　　　　　　　　　　) your health.

(2) 友達に優しくしなさい。　　　　　　　　　　　　　　　　（市川高）

(friends / kind / be / your / to).

(　　　　　　　　　　　　　　　　　　　　　　　　　　).

(3) その知らせを聞いた時，彼はうれしそうに見えました。　（城南学園高）

He (heard / looked / he / when / happy) the news.

He (　　　　　　　　　　　　　　　　　　　　) the news.

(4) 私にはこの本を読むのがむずかしい。　　　　　（香ヶ丘リベルテ高）

(difficult / to read / it / for / is / me) this book.

(　　　　　　　　　　　　　　　　　　　　) this book.

(5) 何かお手伝いできることはありますか。　　　（香里ヌヴェール学院高）

Is (anything / do / I / there / can) for you?

Is (　　　　　　　　　　　　　　　　　　　) for you?

(6) あなたはそれについて心配する必要はありません。　　（上宮太子高）

(that / worry / you / have / about / don't / to).

(　　　　　　　　　　　　　　　　　　　　　　　).

(7) その男性は私に図書館への道を教えてくれました。　　　（開明高）

The man (way / me / the library / the / to / showed).

The man (　　　　　　　　　　　　　　　　　　　).

(8) 私たちの学校には，中国語を話すたくさんの生徒がいます。 （大阪商大高）

(are / students / Chinese / there / who / many / in / speak) our school.

( ) our school.

(9) 私はとても忙しかったので，彼の宿題を手伝うことができませんでした。

（神戸弘陵学園高）

I was (that / I / so / him / with his homework / help / couldn't / busy).

I was ( ).

(10) ジャックは私にあまり食べすぎないように言います。 （賢明学院高）

Jack (eat / me / tells / not / too much / to).

Jack ( ).

(11) あなたは何か面白いものをお店で見つけましたか。 （育英西高）

(shop / find / in / did / you / interesting / the / anything)?

( )?

(12) 福岡は多くの人々が訪れたいと思う都市です。 （西南学院高）

Fukuoka (to visit / is / which / people / a city / a lot of / want).

Fukuoka ( ).

(13) 空港までタクシーで行くのにどのくらい時間がかかりますか。

(long / does / how / to / to / get / take / the airport / it) by taxi?

( ) by taxi?

(14) この本知ってる？　これは私が今までに読んだ中で一番良い本だよ。

（関大第一高）

Do you know this book? (that / have / is / read / best / book / this / I / ever / the)

Do you know this book? ( ).

13 整序作文④ 近道問題

1 次の(1)〜(3)の〔　　〕内の英語を正しく並べかえて，それぞれの対話文を完成させなさい。ただし，文頭に来る語も小文字で示してあります。　(岩手県)

(1)(　　　　　　　　　　　　　)　(2)(　　　　　　　　　　　　　　)

(3)(　　　　　　　　　　　　　)

(1)　A:　We'll have a birthday party for my sister.

　　B:　When?

　　A:　Next Saturday. Why don't 〔join / us / you〕?

　　B:　Of course.

(2)　A:　I practiced baseball very hard.

　　B:　Oh, did you?

　　A:　I'm so tired. Could you give 〔drink / me / something / to〕?

　　B:　Sure.

(3)　A:　What's the matter?

　　B:　I have lost my pen.

　　A:　Is it in your bag?

　　B:　No. 〔am / for / I / looking / must / the pen〕 be in my room.

2 次の日本文に合うように下の語(句)を並べかえたとき，_____ に入るものを記号で答えなさい。ただし，文頭にくるべき語も小文字で示してあります。

(大阪偕星学園高)

(1)　私の祖父はたいてい9時に寝ます。

　　___ ___ |_____| ___ ___ at nine.

　　ア　goes　　イ　usually　　ウ　bed　　エ　to　　オ　my grandfather

(2)　あなたは8時にどこで勉強していたのですか。

　　___ ___ |_____| ___ ___ eight?

　　ア　were　　イ　studying　　ウ　where　　エ　at　　オ　you

(3)　彼女は何を言ったらよいかわからなかった。

　　She ___ ___ |_____| ___ ___.

　　ア　what　　イ　say　　ウ　know　　エ　didn't　　オ　to

(4) トムは太郎ほど速く走りません。

Tom ___ ___ ☐ ___ ___ Taro.

ア　as　　イ　not　　ウ　does　　エ　as fast　　オ　run

(5) あなたは大阪に何年住んでいますか。

___ ___ ☐ ___ ___ in Osaka?

ア　lived　　イ　years　　ウ　how　　エ　have you　　オ　many

(6) あなたにこの手紙を明日までに彼のところまで届けてもらいたい。

I ___ ___ A ___ B ___ .

ア　to him　　イ　to bring　　ウ　you　　エ　this letter

オ　want　　カ　by tomorrow

(7) 木のそばで眠っているネコを見なさい。

Look ___ ___ C ___ D ___ the tree.

ア　is　　イ　by　　ウ　sleeping　　エ　the cat　　オ　at

カ　which

3 次の日本語に合うように，[　　]内の語を並べかえなさい。ただし1語不足
している語を補うこと。また，文頭に来るべき語も小文字になっています。

(アサンプション国際高)

(1) 箕面駅までの行き方を教えていただけませんか。

[way / Minoh Station / will / the / tell / me / you]?

(　　　　　　　　　　　　　　　　　　　　　　　　　　　)?

(2) 食後，お皿を洗わなくてもいいですよ。

[wash / don't / after / to / dishes / you / lunch / the].

(　　　　　　　　　　　　　　　　　　　　　　　　　　　).

(3) またお会いできることを楽しみにしています。

[looking / you / are / to / we / again / forward].

(　　　　　　　　　　　　　　　　　　　　　　　　　　　).

(4) 妹は，3歳からフルートを演奏しています。

[flute / was / played / my sister / 3 years old / the / has / she].

(　　　　　　　　　　　　　　　　　　　　　　　　　　　).

14 整序作文⑤ 近道問題

1 次の英文が完成した文になるように並べ替え，（　　）内で2番目と4番目にくる最も適切なものをそれぞれ1つずつ選び，記号で答えなさい。ただし文頭にくる語も小文字にしている。　　　　　　　　　　　　　　　（大阪学院大高）

(1) He is（ア　soccer players　イ　the most　ウ　one
エ　famous　オ　of）in the world. （　　　）（　　　）

(2) My uncle（ア　restaurant　イ　me　ウ　a nice　エ　took
オ　to）yesterday. （　　　）（　　　）

(3) （ア　a beautiful　イ　this　ウ　like　エ　garden
オ　looks）picture. （　　　）（　　　）

(4) She（ア　to Japan　イ　Japanese　ウ　to　エ　enjoy
オ　came）foods. （　　　）（　　　）

(5) （ア　are　イ　in this town　ウ　still　エ　you　オ　why）？
（　　　）（　　　）

(6) （ア　the meaning　イ　English word　ウ　know
エ　do you　オ　of this）？（　　　）（　　　）

(7) （ア　to my teacher　イ　to write　ウ　it is　エ　for her
オ　easy）in English. （　　　）（　　　）

2 次の(1)～(6)の日本文の意味を表す英文を完成するとき，（ ① ），（ ② ）の位置に当てはまる語句を（ア～カ）から選び，記号で答えなさい。なお，文頭に置かれる語も小文字にしてある。　　　　　　　　　　　　（橿原学院高）

(1) 車でケンの家に行くには3時間かかります。
（　　）（①　　）（　　）（　　）（②　　）（　　）to Ken's house by car.
（ア　takes　イ　get　ウ　three　エ　it　オ　to
カ　hours）

(2) ヤスシはピザで有名なレストランを見つけました。
Yasushi（　　）（　　）（①　　）（　　）（②　　）（　　）for its pizza.
（ア　that　イ　is　ウ　restaurant　エ　a　オ　famous
カ　found）

(3) どうすればそのコンサートのチケットを手に入れられるか知っていますか。

Do you (　) ① (　) (　) ② (　) (　) (　) for the concert?

（ア　get　　イ　how　　ウ　ticket　　エ　a　　オ　to

　カ　know）

(4) そのゲームがとてもおもしろかったので，ユウタは何度もやりました。

The game was so (　) ① (　) (　) (　) ② (　) (　) times.

（ア　that　　イ　it　　ウ　Yuta　　エ　played　　オ　exciting

　カ　many）

(5) エマは時間がなくて，猫の世話ができなかった。

Emma (　) ① (　) (　) (　) ② (　) (　) of her cat.

（ア　time　　イ　take　　ウ　had　　エ　care　　オ　no

　カ　to）

(6) サムエルは自炊を始めてみた。

Samuel (　) ① (　) (　) (　) ② (　) (　).

（ア　cook　　イ　trying　　ウ　to　　エ　for　　オ　started

　カ　himself）

3　次の各問いの会話文について，（　）内の語句を正しく並べ替えて意味が通る文を完成させ，その並べ替えた順に記号をすべて書きなさい。なお，（　）内の語句は，文頭にくる場合も小文字で示しています。　　　　（沖縄県）

　(1)(　→　　→　　→　　→　　) (2)(　→　　→　　→　　→　　)

　(3)(　→　　→　　→　　→　　)

(1) A :　Sam, students must clean the classroom by themselves in Japan.

　　B :　Really? I didn't know that. （ア　we　　イ　to　　ウ　don't

　　　　エ　clean　　オ　have) our classroom in America.

(2) A :　I've just arrived in Kyoto. I want to see everything!

　　B :　Oh, how （ア　you　　イ　long　　ウ　going to　　エ　stay

　　　　オ　are) here?

　　A :　For seven days.

(3) A :　Did you know （ア　are　　イ　Canada　　ウ　and French

　　　　エ　English　　オ　spoken in)?

　　B :　No, I didn't. That's interesting.

15　完文英訳　近道問題

1　次の各文を英文に直しなさい。

(1)　私は中国に行ったことがあります。　　　　　　　　　（樟蔭高）

　　（　　　　　　　　　　　　　　　　　　　　　　　　　）

(2)　その本をもう読みましたか。　　　　　　　　　　　　（開智高）

　　（　　　　　　　　　　　　　　　　　　　　　　　　　）

(3)　どこであなたは彼女に会いましたか。　　　　　　（奈良文化高）

　　（　　　　　　　　　　　　　　　　　　　　　　　　　）

(4)　ギターを弾くことは私には難しいです。　　　　　（初芝橋本高）

　　（　　　　　　　　　　　　　　　　　　　　　　　　　）

(5)　私は毎日電車で学校に通っています。　　　　　　　（履正社高）

　　（　　　　　　　　　　　　　　　　　　　　　　　　　）

(6)　私たちは明日 6 時に起きなければなりません。　　（大阪暁光高）

　　（　　　　　　　　　　　　　　　　　　　　　　　　　）

(7)　私の父は新聞を読むのをやめて，部屋から出ていきました。（京都教大附高）

　　（　　　　　　　　　　　　　　　　　　　　　　　　　）

(8)　去年彼とスキーをしたのを覚えていますか。　　　　（帝塚山高）

　　（　　　　　　　　　　　　　　　　　　　　　　　　　）

2　次の対話文の中の日本語を英語に直しなさい。　　（プール学院高）

　(1)（　　　　　　　　　　　　　　　　　　　　　　　　）

　(2)（　　　　　　　　　　　　　　　　　　　　　　　　）

　(3) If you go to the library, （　　　　　　　　　　　　）

Mai　：　Hi, Julia. (1)あなたはだれが世界で一番短い手紙を書いたのか知っ
　　　　ていますか。

Julia：　No, I do not. Who wrote it?

Mai　：　*Victor Hugo did. (2)彼のことを今までに聞いたことがありますか。

Julia：　No. Who is he?

Mai　：　He is a famous writer. He wrote the shortest letter.

Julia：　How short was his letter?

Mai ： He only wrote a question mark. He sent it to his *editor.

Julia： What did he want to say with it?

Mai ： He worried about the book he wrote, so he asked about it. If you go to the library, (3)あなたは彼の編集者によって書かれた答えを見つけることができます。Let's go there right now.

注）Victor Hugo　ヴィクトル・ユーゴー（フランスの作家）
editor　（出版社の）編集者

3 健二（Kenji）は英語の授業で，インターネットを使った買い物について調べて発表するという課題に取り組んでいます。Ⅰは準備のためのメモで，Ⅱはそれをもとに作成した発表原稿の一部です。(1)，(2)の問いに答えなさい。（福島県）

Ⅰ

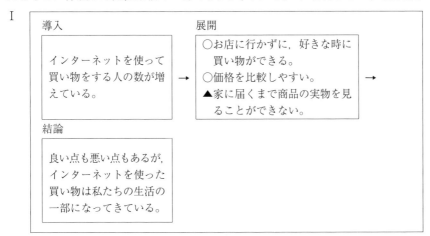

Ⅱ

These days, the ｜ ① ｜ people who use the Internet to buy things is increasing. We can buy things at any time without going to stores. Also, we can compare prices easily. But we can't see our goods until they arrive. There are not only good points but also bad points. But ｜ ② ｜.

(1) ｜ ① ｜に入る適当な**英語2語を書きなさい**。（　　　　　）

(2) ｜ ② ｜に入る適当な**英語を書き**，文を完成させなさい。

But（　　　　　　　　　　　　　　　　　　　　　　）.

16 自由作文　　近道問題

1 次のピクトグラム（pictogram 案内用図記号）を見て，あとの問いに答えなさい。　　　　　　　　　　　　　　　　　　　　　　　　　　（愛知県）

飲 食 禁 止

説明文
Look at this pictogram.
You can see it anywhere in the library.
So you ___(1)___ .
You should go outside, when you ___(2)___ .
OK?

（問い）　校外学習で図書館へ行くため，あなたがクラスの外国人留学生にこのピクトグラムについて説明をすることになりました。説明文の ___(1)___ には，このピクトグラムが示す禁止事項を，___(2)___ には，外国人留学生が屋外に出るべき具体的な場面を，それぞれ5語以上の英語で書き，英文を完成させなさい。

　　ただし，___(1)___ には eat 〜（〜を食べる），___(2)___ には thirsty（のどのかわいた）を必ず使うこと。また，下の語を参考にしてもよい。

(1) So you (　　　　　　　　　　　　　　　　　　).

(2) You should go outside, when you (　　　　　　　　).

〈語〉

　　飲む，飲み物　drink　　〜(の中)で　in 〜　　〜を感じる　feel 〜

2 次の(1)，(2)について，それぞれの指示に従って英語で書け。　　（愛媛県）

(1) 次の①，②の質問に答える文を書け。ただし，①と②は，二つとも，それぞれ6語以上の1文で書くこと。（「，」「．」などの符号は語として数えない。）

①　あなたは，夏休み中に，どのようなことをしましたか。

　（　　　　　　　　　　　　　　　　　　　　　　　　　）

②　また，そのとき，どのように思いましたか。

　（　　　　　　　　　　　　　　　　　　　　　　　　　）

(2) 海外の生徒たちと，オンラインで交流することになった。あなたが，自分たちの学校のよさを伝えるとしたら，どのように伝えるか。下の（　）に当てはまるように文を書け。ただし，8語以上の1文で書くこと。（「,」「.」などの符号は語として数えない。）

（　　　　　　　　　　　　　　　　　　　　　　　　　　　　　　）

Hello. Today, I'll tell you about our school.
(　　　　　　　　　　　　　　　　　　　　　　　　　　　　　)
So we love our school.

---

3 「日本に行ってみたい」という外国人の知り合いに，次の書き出しに続けて，おすすめの季節を伝えた上で，あなたが連れていきたい場所をその理由をつけて全体で20語程度の英語で書きなさい。（ただし，If 〜 Japan は語数に含めない）　　　　　　　　　　　　　　　　　　　　（大阪学芸高）

（If you come to Japan,　　　　　　　　　　　　　　　　　　　　　）

4 あなたは，英語の授業で，「スポーツをすることとスポーツをみることではどちらがよりおもしろいと思うか」というテーマで，英語で意見を伝え合うことになった。あなたならこのテーマについてどちらの立場で意見を述べるか。下の条件にしたがい，　(1)　，　(2)　にそれぞれ適当な英語を書き，あなたの意見を完成させなさい。　　　　　　　　　　　　　　　　　　（熊本県）

(1) I think (　　　　　　　　　　　　　　　) is more interesting
(2) because (　　　　　　　　　　　　　　　).
あなたの意見
　　I think 　(1)　 is more interesting because 　(2)　.
条件
　・　(1)　には，選んだ方を2語以上の英語で書く。
　・　(2)　には，その理由を4語以上の英語で書く。
　・短縮形（I'm や isn't など）は1語と数え，コンマ（,）などの符号は語数に含めない。

入試直前確認事項　**書きかえ・英作文によく出る表現**　近道問題

1. 書きかえに用いられる同意表現

☐ will ～＝ be going to ～「～するだろう，～するつもりだ」

She **will** come to my house.「彼女は私の家に来るだろう」

＝She **is going to** come to my house.

☐ can ～＝ be able to ～「～できる」

We **can** speak English.「私たちは英語を話すことができる」

＝We **are able to** speak English.

☐ must ～＝ have (has) to ～「～しなければならない」

He **must** get up early.「彼は早起きしなければならない」

＝He **has to** get up early.

☐ need not ～＝ don't have to ～「～しなくてもよい」

I **need not** do the work.「私はその仕事をしなくてもよい」

＝I **don't have to** do the work.

☐ like ～＝ be fond of ～「～が好きだ」

She **likes** dogs.「彼女は犬が好きだ」

＝She **is fond of** dogs.

☐ like ～ing ＝ be fond of ～ing「～するのが好きだ」

She **likes swimming**.「彼女は泳ぐのが好きだ」

＝She **is fond of swimming**.

☐ show **A B** ＝ show **B** to **A**──「A（人）に B（物）を見せる」

He **showed me the picture**.「彼は私にその写真を見せた」

＝He **showed the picture to me**.

　　＊tell A B（A に B を話す），give A B（A に B を与える），lend A B（A に B を貸す），teach A B（A に B を教える）なども同様の形をとる。

☐ buy **A B** ＝ buy **B** for **A**「A（人）に B（物）を買ってやる」

He **bought her a bag**.「彼は彼女にかばんを買ってあげた」

＝He **bought a bag for her**.

　　＊make A B（A に B を作ってやる）も同様の形をとる。

□ **too … to ～＝so … that － can't ～**

「とても…なので～できない」

I am **too** tired **to** walk.

「私はとても疲れているので歩けない」

＝I am **so** tired **that** I **can't** walk.

□ **… enough to ～＝so … that －（can）～**

「とても…なので～する（できる）」

She was rich **enough to** buy the house.

「彼女はとても裕福だったのでその家を買うことができた」

＝She was **so** rich **that** she **could** buy the house.

She was kind **enough to** lend me the money.

「彼女は親切にも私にお金を貸してくれた」

＝She was **so** kind **that** she lent me the money.

２．書きかえ必修パターン

●動詞・助動詞に関連するもの

□ You **must not** open the door.「あなたはドアを開けてはいけない」

＝ **Don't** open the door.「ドアを開けるな」

□ **Shall we** take a walk?「散歩をしましょうか」

＝ **Let's** take a walk.「散歩をしましょう」

□ **How about** swimming in the river?「川で泳ぐのはどうですか」

＝ **Let's** swim in the river.「川で泳ぎましょう」

□ **There are** many parks in my town.

「私の町には多くの公園がある」

＝ My town **has** many parks.「私の町は多くの公園を持っている」

□ He **sings well**.「彼は上手に歌う」

＝ He is a **good singer**.「彼は上手な歌手だ」

He **speaks English well**.「彼は上手に英語を話す」

＝ He is a **good speaker of English**.「彼は英語を上手に話す人だ」

□ It **rains** a lot in June.「6月にはたくさん雨が降る」

＝ **We have** a lot of **rain** in June.

●比較に関するもの

☐ Your book is **easier than** mine.
　「あなたの本は私のものより簡単だ」

－ My book is **more difficult than** yours.
　「私の本はあなたのものより難しい」

☐ He is **not as tall as** I.「彼は私ほど背が高くない」

= I am **taller than** he.「私は彼よりも背が高い」

☐ He is **the tallest boy** in his class.
　「彼はクラスの中で最も背が高い少年だ」

= He is **taller than any other boy** in his class.
　「彼はクラスの他のどの少年よりも背が高い」

☐ Mt. Fuji is **the highest mountain** in Japan.
　「富士山は日本で最も高い山だ」

= **No other mountain** in Japan is **as high as** Mt. Fuji.
　「日本の他のどの山も富士山ほど高くはない」

●不定詞・動名詞に関するもの

☐ **Playing** tennis is a lot of fun.
　「テニスをするのはとても楽しい」

= It is a lot of fun **to play** tennis.

☐ I **must do** a lot of work today.
　「私は今日，たくさんの仕事をしなければならない」

= I have a lot of work **to do** today.
　「私は今日，するべき仕事がたくさんある」

☐ He **said to** her, "**Wash** the dishes."
　「彼は彼女に『皿を洗いなさい』と言った」

= He **told** her **to wash** the dishes.
　「彼は彼女に皿を洗うように言った」

☐ She **said to** me, "**Please be** quiet."
　「彼女は私に『静かにして下さい』と言った」

= She **asked** me **to be** quiet.
　「彼女は私に静かにするように頼んだ」

☐ When he went out of the room, **he didn't say anything**.
「部屋を出ていくとき，彼は何も言わなかった」

= He went out of the room **without saying anything**.
「彼は何も言わずに部屋を出ていった」

☐ Please tell me **where I should go**.
「どこへ行くべきか私に教えて下さい」

= Please tell me **where to go**.
「どこへ行くべきか私に教えて下さい」

☐ I was happy **when I heard the news**.
「そのニュースを聞いたとき，私は幸せだった」

= I was happy **to hear the news**.
「私はそのニュースを聞いて幸せだった」

☐ He **sings well**.「彼は上手に歌う」

= He **is good at singing**.「彼は歌うのが得意だ」

●受動態に関するもの

☐ What language do they **speak** in Canada?
「カナダでは何語を話していますか」

= What language **is spoken** in Canada?
「カナダでは何語が話されていますか」

☐ He **knows** your name.「彼はあなたの名前を知っている」

= Your name **is known to** him.「あなたの名前は彼に知られている」

☐ The news **surprised** me.「そのニュースは私を驚かせた」

= I **was surprised at** the news.「私はそのニュースに驚いた」

☐ Snow **covered** the mountain.「雪がその山をおおった」

= The mountain **was covered with** snow.
「その山は雪でおおわれていた」

☐ Science **is interesting to** him.「科学は彼にとっておもしろい」

= He **is interested in** science.「彼は科学に興味がある」

●現在完了に関するもの

□ She became sick a week ago, and she is still sick.
　「彼女は 1 週間前に病気になって，今も病気だ」
= She **has been** sick for a week.
　「彼女は 1 週間，ずっと病気だ」

□ He went to London and he isn't here now.
　「彼はロンドンへ行って，もうここにいない」
= He **has gone to** London.
　「彼はロンドンへ行ってしまった」

□ I **have never seen** such a big dog.
　「私はこんなに大きな犬を見たことがない」
= This is **the biggest dog** (that) **I have ever seen**.
　「これは私がこれまでに見た最も大きな犬だ」

●接続詞・文型に関するもの

□ I was happy when I heard the news.
　「そのニュースを聞いたとき，私は幸せだった」
= The news made me happy.
　「そのニュースは私を幸せにした」

□ If you start now, you will catch the train.
　「もし今出発すれば，あなたはその列車に間に合うだろう」
= Start now, **and** you will catch the train.
　「今出発しなさい，そうすればその列車に間に合うだろう」

□ When he saw me, he ran away at once.
　「私を見ると，彼はすぐに走って逃げた」
= **As soon as** he saw me, he ran away.
　「私を見るとすぐに，彼は走って逃げた」

□ He is poor but he is happy. 「彼は貧しいが幸せだ」
= **Though** he is poor, he is happy.
　(= He is happy **though** he is poor.)

☐ **While** he stayed in Tokyo, he visited a friend of his.
　「東京に滞在している間に，彼は友人を訪問した」
= **During** his stay in Tokyo, he visited a friend of his.
　「東京での滞在中に，彼は友人を訪問した」

●その他の品詞に関するもの
☐ He is my **father's brother**.「彼は私の父の兄弟だ」
= He is my **uncle**.「彼は私のおじだ」
☐ She is my **mother's sister**.「彼女は私の母の姉妹だ」
= She is my **aunt**.「彼女は私のおばだ」
☐ She **doesn't** have **any** pets.「彼女は何もペットを飼っていない」
= She has **no** pets.「彼女は何もペットを飼っていない」

３．書きかえ・英作文によく出る不規則動詞変化

意　味	現 在 形	過 去 形	過去分詞	現在分詞
描　く	draw	drew	drawn	drawing
飛　ぶ	fly	flew	flown	flying
与える	give	gave	given	giving
知　る	know	knew	known	knowing
見　る	see	saw	seen	seeing
見せる	show	showed	shown （showed）	showing
話　す	speak	spoke	spoken	speaking
泳　ぐ	swim	swam	swum	swimming
取　る	take	took	taken	taking
書　く	write	wrote	written	writing
建てる	build	built	built	building
買　う	buy	bought	bought	buying
作　る	make	made	made	making
売　る	sell	sold	sold	selling
送　る	send	sent	sent	sending
教える	teach	taught	taught	teaching
話　す	tell	told	told	telling
走　る	run	ran	run	running

解答・解説
近道問題
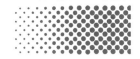

1. 同意文の完成①

(1) going　(2) Don't　(3) able, to　(4) mine　(5) younger, than　(6) for, us　(7) living
(8) made, by　(9) on, way　(10) his, address　(11) to, know　(12) so, that　(13) who, has
(14) has, been　(15) have, time　(16) the, tallest　(17) Walk, or　(18) have, visited
(19) decided, to　(20) How, spell　(21) broken　(22) was, called

◇ 解説 ◇

(2) 否定の命令文は don't で始める。(5)「～よりも年下だ」＝ younger than ～。(7)「ケン
タにはニューヨークに住んでいるおばがいる」。live の現在分詞を使って直前の aunt を後
ろから修飾する。(8)「これはユミによって作られたケーキだ」。過去分詞の後置修飾。(11)
「～してうれしい」＝ be glad to ～。(12)「とても～なので…」＝ so ～ that …。(13)「私は長
い髪を持つ少女に出会った」。主格の関係代名詞を用いて表す。(14)「彼は 10 年間，日本に
いる」。現在完了〈have/has ＋過去分詞〉で表す。(15)「私は今日あなたに会うための時間
がない」。不定詞の形容詞的用法。(17)「～しなさい，さもないと…」＝〈命令文, or …〉。(19)
make up one's mind to ～＝「～することを決心する」。同じ意味を表す表現は，decide
to ～。(21)・(22) 受動態〈be 動詞＋過去分詞〉にする。

2. 同意文の完成②

(1) Let's　(2) to　(3) better　(4) studying　(5) for　(6) if　(7) to, me　(8) too, to
(9) teaches, us　(10) have, to　(11) Both, and　(12) without, saying
(13) been, twice　(14) is, spoken　(15) taken, by　(16) What, think　(17) had, time
(18) take, of　(19) faster, than　(20) like, to　(21) Did, help　(22) biggest, ever
(23) whose, are　(24) don't, have, anything

◇ 解説 ◇

(3)「私の自転車はマイクのものよりよい」。good の比較級を入れる。(4) 現在分詞の後置修
飾。(6)「あなたの助力なしでは」→「もしあなたが助けてくれなければ」。空欄直後に〈主語＋
動詞〉があるので接続詞が入る。(7)「A（人）に B（もの）を送る」＝ send B to A。(8)「と
ても～なので…できない」＝ too ～ to …。(11)「A と B の両方とも，A も B も」＝ both A
and B。(12)「～せずに」＝ without ～ing。(13)「～に行ったことがある」＝ have/has been
to ～。現在完了の経験用法。「2 回」＝ twice。(17)「楽しく過ごす」は enjoy oneself の他，
have a good time で表せる。過去の文なので had を使う。(18)「～の世話をする」＝ take
care of ～。(20)「～したい」＝ would like to ～。(21) 能動態の文にする。(23) 所有格の関係
代名詞を用いて表す。「緑色の目をした猫」＝ a cat whose eyes are green。

3. 同意文の完成③

(1) name　(2) to　(3) having（または，eating）　(4) old　(5) How（または，What），about
(6) before　(7) call　(8) because　(9) hotter，than　(10) were，painted　(11) in，same
(12) teaches，us　(13) boy，reading　(14) any，other　(15) has，been
(16) who（または，that），reading　(17) was，built　(18) well，speaks
(19) have，been　(20) must，be　(21) During，my　(22) the，most，beautiful
(23) to，play，with（または，who（または，that），plays，together）

◇ 解説 ◇

(3)「～した後に」= after ～ing。(4) 間接疑問文。年齢を尋ねる表現は how old。(5)「～し
ませんか？，～するのはどうですか？」= How（または，What）about ～ing?。(7)「～
を…と呼ぶ」= call ～ …。(8) 理由を表す接続詞は because（または，as）。(14)「他のどの
～よりも…」=〈…（比較級）+ than any other ～（単数名詞）〉。(16) 主格の関係代名詞を用
いて表す。(20)「～であるに違いない」= must be ～。(21)「～中に」= during ～。

4. 同意文の完成④

(1) hers　(2) from　(3) can　(4) swimming　(5) was　(6) sung　(7) asked　(8) Shall，we
(9) How，old　(10) how，to　(11) Why，don't　(12) is，spoken　(13) by，train　(14) has，gone
(15) don't，any　(16) made，of　(17) are，in　(18) drawn，by　(19) made，him
(20) student，loves　(21) have，never，eaten　(22) which（または，that），was，built
(23) good，cooks　(24) to，before

◇ 解説 ◇

(4)「～することを楽しむ」= enjoy ～ing。(7)「～に…するよう頼む」= ask ～ to …。(10)
「～の仕方」= how to ～。(14) have/has gone =「行ってしまった（今ここにいない）」。(16)
過去分詞の後置修飾。材料からできているので of を使う。(19)「その映画は彼を有名にし
た」。「～を…にする」= make ～ …。(20) 能動態の文に書きかえる。every の直後には単数
名詞が続く。(23)「上手な料理人」= good cook。主語が複数なので，cook も複数形にする。
(24)「私はどの高校に行くべきかを決める前に両親に話さなければならない」。

5. 指示による書きかえ①

(1) I don't speak French.　(2) We were soccer players.　(3) These are my notebooks.
(4) Are they going to play basketball?　(5) Did she try to cook pizza?
(6) Hinako didn't read DEMON SLAYER.
(7) Do you have to go to the post office?
(8) My friend won't be busy next Monday.　(9) Miki is taller than Risa.

⑽ When did she play tennis 〔at the park〕?

⑾ How many books did Tom buy for his father?

⑿ Whose house did Tomoki visit during the winter vacation?

⒀ What made her angry yesterday?　⒁ She told me the truth.

⒂ This car was washed by my father.　⒃ Milk is bought by her every day.

⒄ Have they done their homework?　⒅ Their son is too young to work.

⒆ He has some books that were written by Mr. Murakami.

⒇ Take this bus, and you can get there in time.

◇ **解説** ◇

⑶「これらは〜です」＝ These are 〜。notebook も複数形になることに注意。⑾ 数を尋ねる疑問文になるので，How many 〜が文頭にくる。⑿「誰の〜」は〈whose ＋〜（名詞）〉で表し，文頭に置く。⒀「何が〜を怒らせたのか」＝ What made 〜 angry?。⒄ 現在完了の疑問文は〈Have/Has ＋主語＋過去分詞〜?〉の形。⒆ 先行詞は some books。The books を主格の関係代名詞 that に置きかえて一つの文にする。

6. 指示による書きかえ②

⑴ He doesn't (または，does not) come to my house.

⑵ My cat is sleeping on the floor.　⑶ He doesn't have to get up early.

⑷ His uncle had to take care of the cat.

⑸ You will have to clean the room tomorrow.　⑹ Those are good stories.

⑺ What did your brother drink for breakfast?　⑻ How do you go to school?

⑼ When was he absent from school?

⑽ Masashi's hobby is collecting trading cards.

⑾ It is important to help each other.　⑿ I was too tired to walk home yesterday.

⒀ This room is used by my grandmother.

⒁ This book was read by Tom yesterday.

⒂ People speak English and French in Canada.

⒃ We have had much rain for ten days.

⒄ I have not (または，I haven't) cleaned my room yet.

⒅ There are 24 hours in a day.　⒆ I don't know what color John likes.

⒇ The cup which (または，that) is on the table is mine.

◇ **解説** ◇

⑶ has to の否定形は doesn't have to になる。⑻ 手段を尋ねる疑問詞は How。⑾「お互いを助け合うことは大切だ」。「〜することは…だ」＝ It is … to 〜。⒅「1 日の中には 24 時間ある」と考える。「〜（複数）がある」＝ There are 〜。⒆ 間接疑問文にする。疑問詞（what color）の後の語順が〈主語＋動詞〉になることに注意。

7．補充作文①

(1) reading　(2) there　(3) tired　(4) Have　(5) from　(6) too　(7) as, as　(8) I, your
(9) don't, have（または，need），to　(10) are, these　(11) How, old　(12) afraid, of
(13) you, lend, me　(14) Which, cap（または，hat），do　(15) how　(16) keep
(17) without, seeing　(18) Don't, be　(19) on, in　(20) where, to, buy（または，get）
(21) kind, of　(22) What, called　(23) been, museum　(24) what, birthday

◇ **解説** ◇

(5)「～の出身だ」= come from ～。(11)「できてからどのくらい」を「どのくらい古い」と表す。(12)「～を怖がっている」= be afraid of ～。(13)「～してくれませんか？」= Would you ～?。「～に…を貸す」= lend ～ …。(15)「私はあなたがどう感じているのかわかる」と考える。(20)「どこで～するか」= where to ～。(21)「どんな種類の～」= what kind of ～。(24)「何を～するべきか」= what to ～。

8．補充作文②

(1) playing　(2) to　(3) is　(4) speaks　(5) gone　(6) yourself　(7) on, Wednesday
(8) an, interesting　(9) must, not　(10) help, with　(11) proud, of
(12) has, come（または，got）　(13) wants, to　(14) has, since　(15) There, twelve
(16) Would, like　(17) for, advice　(18) swam, across　(19) by, yourself（または，hand）
(20) may（または，might），be　(21) Hurry, or　(22) any（または，every），other
(23) Has, had（または，drunk, enjoyed, tried）　(24) looks, happier

◇ **解説** ◇

(6)「自己紹介をする」= introduce oneself。(8)「興味深い」= interesting。後ろに名詞が続いているので，その前には an を置く。(10)「～の…を手伝う」= help ～ with …。(11)「～を誇りに思う」= be proud of ～。(16)「～はいかがですか？」= Would you like ～?。(20)「～かもしれない」= may ～。may の後の動詞は原形になる。(22)「田沢湖は日本の他のどの湖よりも深い」と言いかえる。(24)「～に見える」= look ～。

9．補充作文③

(1) many　(2) known　(3) has　(4) What　(5) long　(6) either　(7) way　(8) before
(9) usually, at（または，by）　(10) Friday, and　(11) at, swimming　(12) written, by
(13) is, sleeping　(14) had, time　(15) winter, best　(16) be, future
(17) don't, have（または，need）　(18) How, far　(19) stopped, writing　(20) a, little
(21) it, be　(22) his, sister's　(23) will, be, cleaned　(24) long, known, each

◇ 解説 ◇

(5) 期間を尋ねる表現は how long。(6)「〜も…ない」= not … either。(7)「〜への道」=
the way to 〜。(8)「暗くならないうちに」は「暗くなる前に」と考える。(10)「〜と…の間
に」= between 〜 and …。(11)「〜するのが得意である」= be good at 〜ing。(14)「楽しい
時を過ごす」= have a good time。(19)「〜するのをやめる」= stop 〜ing。(20) bread は数
えられない名詞。(21) 天候を表す主語の it を使う。will の後の be 動詞は原形の be にする。
(23) 未来の受動態の文になるので,〈will + be + 過去分詞〉の形。

10. 整序作文①

(1) ウ,ア (2) エ,ア (3) ウ,ア (4) ウ,オ (5) イ,カ (6) ウ,エ (7) イ,オ
(8) イ,ア (9) オ,ア (10) エ,イ (11) ア,イ (12) エ,イ (13) オ,ウ (14) オ,キ

◇ 解説 ◇

(1) I have known her for ten years.となる。(2) Which picture is hers?となる。(3) I
hope it will be fine tomorrow.となる。(4) How can I get to the station?となる。(5)
What language do they speak in Brazil?となる。(6) I will never forget seeing her.と
なる。(7) How long have you waited for him here?となる。(8) Shall I show you some
of the pictures which I took in Sydney?となる。(9) I was doing my homework when
my sister came home.となる。(10) Do you know whose cap this is?となる。(11) If you
take the bus, you can get to the Osaka Castle.となる。(12) Who built the bridge you
see over there?となる。(13)「〜してくれませんか?」= Could you 〜?。「〜への行き方」=
the way to 〜。Could you tell me the way to the post office?となる。(14) The river
running through this village is very clean.となる。

11. 整序作文②

(1) ア,カ (2) オ,イ (3) ア,カ (4) エ,ア (5) エ,オ (6) カ,オ (7) カ,イ
(8) キ,ア (9) オ,カ (10) ア,カ (11) エ,ア (12) キ,カ (13) カ,ア,キ (14) エ,ウ

◇ 解説 ◇

(1) This watch is made in Japan.となる。(2)「A に B を与える」= give A B。Kate
gave her sister some books.となる。(3) It is difficult for me to play the guitar.とな
る。(4)「〜するには…すぎる」= too … to 〜。She is too young to go out alone.とな
る。(5) The house with a red roof is mine.となる。(6)「〜を…に変える」= change 〜
to …。The woman changed dry land to green in the country.となる。(7) Ken has as
many books as Lucy.となる。(8) Canada is larger than any other country in North
America.となる。(9) Paulo must be interested in Japanese culture.となる。(10)「〜し

たい」= would like to 〜。I'd like to play tennis with you.となる。(11) She was not invited to the party.となる。(12) I hope that your dream will come true.となる。(13) 間接疑問文。Would you tell me how long the movie is?となる。(14) Riding a bicycle wearing earphones is very dangerous.となる。

12. 整序作文③

(1) Eating breakfast is good for　(2) Be kind to your friends

(3) looked happy when he heard　(4) It is difficult for me to read

(5) there anything I can do　(6) You don't have to worry about that

(7) showed me the way to the library

(8) There are many students who speak Chinese in

(9) so busy that I couldn't help him with his homework

(10) tells me not to eat too much　(11) Did you find anything interesting in the shop

(12) is a city which a lot of people want to visit

(13) How long does it take to get to the airport

(14) This is the best book that I have ever read

◇ 解説 ◇

(1).動名詞句 (eating breakfast) が主語の文。(4)「A にとって〜することは…である」= it is … for A to 〜。(8)「〜がいる，〜がある」= there is/are 〜。who は主格の関係代名詞で，who 以下が students を後ろから修飾する。(9)「とても〜なので…」= so 〜 that …。「〜の…を手伝う」= help 〜 with …。(10)「〜に…しないように言う」= tell 〜 not to …。(14) 目的格の関係代名詞 that 以下が後ろから the best book を修飾する。

13. 整序作文④

1 (1) you join us　(2) me something to drink　(3) The pen I am looking for must

2 (1) ア　(2) オ　(3) ア　(4) オ　(5) イ　(6) A. イ　B. ア　(7) C. カ　D. ウ

3 (1) Will you tell me the way to Minoh Station

(2) You don't have to wash the dishes after lunch

(3) We are looking forward to seeing you again

(4) My sister has played the flute since she was 3 years old

◇ 解説 ◇

1 (1)「〜してはどうですか？」= Why don't you 〜 ?。(2)「何か飲むもの」= something to drink。(3) I am looking for が後ろから the pen を修飾する。

2 (1) My grandfather usually goes to bed at nine.となる。(2) Where were you studying at eight?となる。(3) She didn't know what to say.となる。(4) Tom does not run as fast as Taro.となる。(5) How many years have you lived in Osaka?となる。(6) I want you to bring this letter to him by tomorrow.となる。(7) Look at the cat which is sleeping by the tree.となる。

3 (1)「~までの行き方」= the way to ~。to を補う。(2)「~しなくてもいい」= don't/doesn't have to ~。have を補う。(3)「~することを楽しみにする」= look forward to ~ing。seeing を補う。(4)「3歳から」= since she was 3 years old。since を補う。

14. 整序作文⑤

1 (1) オ，エ　(2) イ，ウ　(3) エ，ウ　(4) ア，エ　(5) ア，ウ　(6) ウ，オ　(7) オ，イ
2 (①，②の順に) (1) ア，オ　(2) ウ，イ　(3) イ，ア　(4) ア，イ　(5) オ，イ　(6) イ，エ
3 (1) ア→ウ→オ→イ→エ　(2) イ→オ→ア→ウ→エ　(3) エ→ウ→ア→オ→イ

◇ 解説 ◇

1 (1) He is one of the most famous soccer players in the world.となる。(2) My uncle took me to a nice restaurant yesterday.となる。(3) This garden looks like a beautiful picture.となる。(4) She came to Japan to enjoy Japanese foods.となる。(5) Why are you still in this town?となる。(6) Do you know the meaning of this English word?となる。(7) It is easy for her to write to my teacher in English.となる。

2 (1) It takes three hours to get to Ken's house by car.となる。(2) Yasushi found a restaurant that is famous for its pizza.となる。(3)「~の仕方」= how to ~。Do you know how to get a ticket for the concert?となる。(4) The game was so exciting that Yuta played it many times.となる。(5) Emma had no time to take care of her cat.となる。(6) Samuel started trying to cook for himself.となる。

3 (1) don't have to ~ =「~する必要はない」。(2) how long =「どれくらい長く」。(3) 受動態〈be 動詞＋過去分詞〉の文。

15. 完文英訳

1 (例) (1) I have been to China.　(2) Have you read the book yet?

(3) Where did you meet her?

(4) It is difficult for me to play the guitar.(または，Playing the guitar is hard for me.)

(5) I go to school by train every day.

(6) We must (または，have to) get up at six tomorrow.

(7) My father stopped reading the newspaper and went out of the room.

(8) Do you remember skiing with him last year?

2 (例) (1) Do you know who wrote the shortest letter in the world?

(2) Have you ever heard of him?

(3) you can find the answer〔which was〕written by his editor.

3 (1) number of

(2) (例) buying things on the Internet is becoming a part of our lives

◇ **解説** ◇

1 (2)現在完了の完了用法の疑問文で，「もう」という意味を表す時には文末に yet をつける。(6)「起きる」= get up。(7)「〜するのをやめる」= stop 〜ing。「〜から出ていく」= go out of 〜。(8)「〜したことを覚えている」= remember 〜ing。

2 (1)間接疑問文にする。疑問詞以下の語順は〈疑問詞＋主語＋動詞〉。(2)「今までに」= ever。「〜について聞く」= hear of 〜。hear の過去分詞は heard。(3)ものが先行詞である主格の関係代名詞 which を使った文で表す。which 以下は受動態にする。

3 (1)「〜の数」= the number of 〜。(2)結論の「インターネットを使った買い物は私たちの生活の一部になってきている」の部分を英文にする。

16. 自由作文

1 (例) (1) must not <u>eat</u> or drink there　(2) are（または，feel）<u>thirsty</u> in the building

2 (例) (1) ① I cooked dinner for my family.　② It was fun to cook for someone.

(2) We can see many beautiful flowers here in each season.（10 語）

3 (例) spring is the best season. I want to take you to Mt. Yoshino because we can enjoy a lot of cherry blossoms.

4 (例) (1) playing sports　(2) playing soccer with my friends is fun

◇ **解説** ◇

1 (1)「そこで食べたり飲んだりしてはいけない」などの文が考えられる。(2)「『建物の中でのどがかわいた』時は，あなたは外へ行くべきである」などの文が考えられる。

2 (1)①「家族のために夕食を作った」，「海へ泳ぎに行った」，「家族と北海道に行った」など，一般動詞の過去形を用いて文を作る。②「だれかのために料理をするのは楽しかった」などのように，感想を具体的に述べる。(2)「季節ごとにたくさんのきれいな花を見ることができる」，「私たちが楽しむことのできる行事がたくさんある」など，直後の「だから私たちは自分たちの学校が大好きです」という 1 文につながる英文を作る。

3「おすすめの季節」は〜 is the best season. などの文で述べられる。「私はあなたを〜に連れていきたい」= I want to take you to 〜。理由は because などの接続詞で表す。

4 解答例は「『友だちとサッカーをするのが楽しい』ので，私は『スポーツをすること』の方がよりおもしろいと思います」。「スポーツをみること」= watching sports。